• ○ **erleben** ○ **begreifen** ○ **verstehen** ○ •

Gabriela Schlesiger

Die Luft

Kopiervorlagen
für einen handlungs-
orientierten und
fächerverbindenden
Sachunterricht
in der Grundschule

Illustrationen:
Christina Beckmann

Auer Verlag GmbH

Gedruckt auf umweltbewusst gefertigtem, chlorfrei
gebleichtem und alterungsbeständigem Papier

1. Auflage 1999
© by Auer Verlag GmbH, Donauwörth, 1999
Nach der Neuregelung der deutschen Rechtschreibung
Alle Rechte vorbehalten
Illustrationen, Layout: Christina Beckmann, Waldkirch
Gesamtherstellung: Ludwig Auer GmbH, Donauwörth
ISBN 3-403-3140-3

Inhaltsverzeichnis

Information für die Lehrerin und den Lehrer – 4

Einstimmung
Die Luft – 6, Redensarten – 7, Das Namenwörtersuchspiel – 8, Gleich gibt es einen....., Das Kuckucksei – 9, Luftschlangensätze – 10, Rätsel – 11, Das Luftkofferpacken, Pantomimengeschichten – 12, Ein Luftbild – 13

Luft kann man spüren und sehen
Lufblasenspielerei, Die trockene Serviette – 14, Luftblasen – 15, Lufttemperatur – 16, Wir messen die Lufttemperatur – 17, Ist es warm oder kalt? – 18, Lufttemperatur – 19

Mit Luft lässt sich etwas bewegen
Bewegende Luftspiele – 20, Die Luftballonrakete – 21, Ein bewegendes Himmelbild – 22, Der Luftfächer – 23, Weitere Luftfächerspiele – 24, Ein bunter Windvogel – 25

In vielen Gegenständen ist Luft
Collage, Das Luftballonmännchen – 26, Wir experimentieren – 27, Luftballonspiel, Der Luftballonwettbewerb – 28

Luft kann man hören
Luftgeräusche – 29, Wie kommt das Geräusch in mein Ohr?, Der Schalltrichter – 30, Die Schalltrommel – 31, Das Echo – 32, Die Gummigitarre – 33, Die Flaschenorgel – 34

Alles, was lebt, braucht Luft zum Atmen
Wie stark ist deine Atemluft verschmutzt?, Schlechte Luft – 35

Luft dehnt sich aus
Ein Flaschengeist – 36, Der Heißluftballon – 37, Ein Heißluftballon, der fliegen kann – 38

Luft kann tragen
Fliegende Papierstreifen, Fliegende Ringe – 41, Der Fallschirm – 42, Der Propeller – 43, Die Tragfläche am Flugzeug, Der Zeppelin – 44, Sportflugzeug – 45, Ein Styroporweitflieger – 46, Ein großer Plastikfeuerdrachen – 47

Das Luftballonlied – 48

Allgemein	Deutsch	Sport/Spiele	Bildende Kunst	Versuche	Flugobjekte	Wissen

Information für die Lehrerin und den Lehrer

In dem Themenheft Luft werden durch eine Kombination von knappen sachlichen Informationen und Arbeitsvorschlägen Anregungen zu eigenständigen Aktivitäten gegeben. Die Arbeitsaufträge sind auf jeder Seite anschaulich beschrieben, so dass sie jederzeit in Einzel-, Partner- und Partnerinnen- oder Gruppenarbeit einsetzbar sind. Dieses Arbeitsheft eignet sich ebenfalls zur Freiarbeit. Zur Eigenkontrolle sind Ergebnisse und Lösungen in Spiegelschrift festgehalten – wenn es nötig ist.

Die Beschäftigung mit dem wissenschaftlichen Thema Luft sollte sehr praxisorientiert erfolgen. Schulkinder stehen diesem Thema mit fragender Neugier gegenüber. Diese Wissbegierde sollten wir am Schopfe packen und den Kindern eine entdeckende Erlebniswelt in ihrer Ganzheit eröffnen. Wir sollten den Kindern die Möglichkeit zum Einstieg über einen informativen Text geben, Zeit zum Sammeln von Beobachtungen lassen, diese Beobachtungen untersuchen und erforschen und schließlich die gestellten Fragen mit Versuchen erklären. Jeder dieser Schritte gehört mit zum handlungsorientierten Unterricht.

Mit diesem Heft **erleben, begreifen und verstehen** wird dem Kind Raum in seiner Ganzheit gegeben. Kinder nehmen mit allen Sinnen wahr, sie haben noch ein Auge für das Detail und lieben es, Fragen zu stellen und ihnen nachzugehen, wenn man ihnen den Weg hierfür ebnet. Sie denken nicht in Schubladen, sondern sehen vieles als Ganzes. Deshalb ist handlungsorientierter und fächerverbindender Unterricht auch so wichtig. Sie beobachten, ordnen ein, vergleichen, zählen, messen, dokumentieren, beschreiben usw. Die Kinder lernen, dass es eine Abfolge von Anweisungen gibt, die sie einhalten müssen, da sie sonst nicht zum jeweiligen Ergebnis kommen können. Sie lernen Berichte anzulegen, indem sie ihre Sprache immer besser benutzen lernen. Ihre Ergebnisse werden festgehalten in Bildern, Schautafeln, Bastelarbeiten, Modellen, schriftlichen und mündlichen Ausführungen. Sie erlernen eine Umsetzung in Statistiken und Tabellen.

Die Fertigkeit, um die es in diesem wissenschaftlichen Erkenntnisprozess geht, beinhaltet das Beobachten mit gleichzeitiger Umsetzung in Strukturen. Das Kind beginnt hier Beziehungen zwischen Ursache und Wirkung herzustellen und zwischen seiner Beobachtung und der Wirklichkeit zu unterscheiden. Das einmal ermittelte Forschungsergebnis wird weitere Fragen und Überlegungen aufwerfen. Die Kinder werden Lust bekommen, ihre Ergebnisse auszustellen. Dadurch werden sie sich Gedanken über eine Dokumentation machen müssen. Sie kann schriftlich, mündlich, in Bildern oder Schautafeln vorgenommen werden.

Das Wichtigste bei der Erarbeitung dieses Themenheftes ist der Erkenntnisgewinn zum Thema Luft. Des Weiteren die Fähigkeit, sich zu trauen, etwas herauszufinden, um somit Probleme erfolgreich anzugehen, sei es alleine oder mit anderen zusammen; Geschicklichkeit im Umgang mit Materialien zu entwickeln; mehr Selbstvertrauen und ein positives Selbstwertgefühl zu bekommen. All dies sind Fertigkeiten, die für ein Leben in einer demokratischen Gemeinschaft benötigt werden.

Hier ein paar Tipps zum Gebrauch dieses Heftes:

Schaffen sie sich eine Palette nützlicher Dinge an, die Sie zu diesem Themenheft auf jeden Fall benötigen. Beschriften sie die Kästen gut lesbar, damit jeder und jede weiß, wo etwas sofort zu finden ist. Alles sollte in erreichbarer Nähe sein, damit die Gruppen sich nicht gegenseitig stören. Es ist unsinnig, längere Zeiten mit Suchen und Auffinden zu verschwenden.

Information für die Lehrerin und den Lehrer

Wie Sie sich mit Ihren Schülern und Schülerinnen dem Thema nähern wollen, liegt ganz an Ihrer Klasse. Sie können mit dem allgemeinen Teil zum Thema Luft einsteigen, dies ist zur Einstimmung gedacht.

Das Thema Luft ist im Weiteren in 7 Kapitel eingeteilt, die wiederum in kleine Bereich aufgegliedert sind. Oben rechts auf den Seiten befindet sich immer ein Zeichen, welches auf den Schwerpunkt hinweist. Dies besagt, ob es um Allgemeines (Luftballon) oder Deutsch (Füller) geht, Sport und Spiele (Figur) hier zum Tragen kommen, Bildende Kunst (Pinsel) oder Versuche (Fragezeichen) verstärkt angesprochen werden, Modelle (Zirkel) gebaut werden oder ob es um Wissen (Ausrufezeichen) geht.

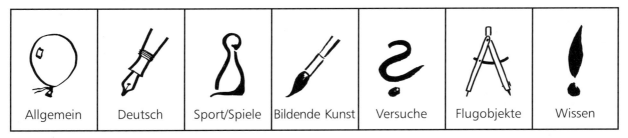

| Allgemein | Deutsch | Sport/Spiele | Bildende Kunst | Versuche | Flugobjekte | Wissen |

Sie können sich aus jedem Themenkapitel etwas herausnehmen oder, wenn Sie fächerverbindend, projektorientiert arbeiten, Aufgabenstellungen in der ganzen Klasse besprechen. Achten Sie aber stets darauf, dass es einmal pro Tag einen Besprechungssitzkreis gibt, in dem die Ergebnisse, Probleme usw. gemeinsam besprochen werden. Denken Sie daran, die Kinder darin zu bestätigen, dass sie Fragen stellen, ausprobieren, aufpassen und nachdenken. Achten Sie als Lehrkraft auf die wissenschaftlichen Begriffe, sie sollten immer benutzt werden.

Das Themenheft Luft ist für die Behandlung in einem normalen Klassenzimmer gemacht und benötigt einige Kleinigkeiten an Material, welche immer als Allererstes auf dem Arbeitsblatt aufgeführt sind. Somit können Sie mit der Klasse schon Materialien in Kisten sammeln, bevor Sie mit dem Thema anfangen. Organisieren Sie sich zur Unterstützung ihres Unterrichtes Filme aus der Kreisbildstelle. Sollten ihnen die Arbeitsblätter für ihre Klasse an manchen Stellen nicht zusagen oder möchten Sie ortsbedingte Änderungen vornehmen, so können Sie dies mit unserer CD-ROM zum gleichen Thema bewerkstelligen. Die CD-ROM ist in der Reihe „Arbeitsblätter am Computer" erschienen und enthält alle Arbeitsblätter des vorliegenden Heftes als veränderbare Dateien (Best.-Nr. 5863).

Nach dem gemeinsamen Arbeiten mit Hilfe dieses Heftes werden Sie feststellen, dass Kinder das Thema Luft wunderbar **erleben, begreifen und verstehen** können.

Eine tolle, neue Erlebniswelt zum Entdecken wartet auf Sie und Ihre Schulkinder!

Literatur:
- Breustedt, Walter; Hofstetter, Wolfgang: Schwerpunkt Luft; Loseblattsammlung, Hrsg. Kreide von, I., Dietzenbach, 1996
- Fabré, Jean H.: Die Luft – L´air; Friedenauer Presse, 1985
- Hoffmann, Mary; Ray, Jane: Erde, Feuer, Wasser, Luft; Hildesheim, 1995
- Jennings, Terry: Versuchen und Verstehen, Luft und Wetter; Hildesheim, 1992
- Kirschbaum, Ulrich; Wirth, Volkmar: Flechten erkennen – Luftgüte bestimmen; 2. verb. Aufl., Stuttgart, 1997
- Produktionsfaktor Umwelt Luft; Landwirtschaftsverlag, Münster, o.J.
- Swallow, Su: Die vier Elemente, Luft; Hanau, 1992

Die Luft

Die Erde ist von einer Lufthülle umgeben. Diese Lufthülle nennt man Atmosphäre. Durch die Atmosphäre wird das Leben auf unserem Planeten Erde überhaupt erst möglich. Die Luft ist ein Gemisch verschiedener Gase. Zum größten Teil besteht sie aus Stickstoff, zum kleineren Teil aus Sauerstoff. Weiter enthält die Luft Kohlendioxid, Staub, Dreck, Wasserdampf und vieles mehr. Die Luft ist unsichtbar. An manchen Tagen, wenn es sehr kalt ist, kannst du deinen warmen Atem sehen.

Alle Lebewesen benötigen zum Leben Luft bzw. Sauerstoff. Die Luft geht beim Einatmen in die Lunge. Der in der Luft enthaltene Sauerstoff wird in die Blutbahn aufgenommen. Sie versorgt deinen Körper jetzt mit Sauerstoff, der zur Verbrennung (Verarbeitung) der Nahrung im Körper wichtig ist. Dabei entsteht Kohlendioxid. Stickstoff und Kohlendioxid atmest du wieder aus.

Wale haben Lungen. Sie müssen ca. alle 5 Minuten zum Luftholen an die Wasseroberfläche schwimmen. Menschen, die länger unter Wasser tauchen, haben Sauerstoffflaschen dabei. Pflanzen und Bäume nehmen Kohlendioxid auf und geben an die Umwelt Sauerstoff ab. Du merkst, ohne Pflanzen und Bäume könntest du nicht leben. Tiere im Wasser atmen durch Kiemen, sie nehmen also den Sauerstoff auf, der im Wasser gelöst ist, und geben ihn an das Blut weiter.

Wenn du im Frühling, im Sommer oder im Herbst draußen bist, siehst du, was der Wind alles macht. Die Wäsche wird im Wind getrocknet. Der Blütenstaub, auch Pollen genannt, wird durch den Wind (Regen und Insekten) von einer Blüte zur anderen getragen. Ein einziges Kätzchen von der Birke kann im Wind Millionen von Pollen verstreuen. Der Samen der Linde hat Flügel. Wenn er herunterfällt, trägt der Wind ihn weiter. Der Löwenzahn hat Haarkronen, die vom Wind über ganz weite Strecken getragen werden können. Wo immer du bist, umgibt dich Luft, auch in den winzigsten Spalten, Ritzen und Zwischenräumen.

Die Versuche zu dem Thema helfen dir, den Begriff „Luft" zu erklären.
Du kannst viel über Luft erfahren und lernen:
- Alle Lebewesen brauchen Luft.
- Die Luft treibt an (z.B. Windräder).
- Die Luft kann etwas tragen (z.B. Segelflugzeuge).
- Wäsche wird durch Luft getrocknet.
- Du kannst nur hören, weil die Luft den Schall weiterleitet.
- Luft und Umwelt sind sehr stark miteinander verbunden
- und, und, und.

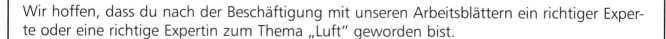

Wir hoffen, dass du nach der Beschäftigung mit unseren Arbeitsblättern ein richtiger Experte oder eine richtige Expertin zum Thema „Luft" geworden bist.

P.S. Wir haben keine Anleitung für den Bau von Windrädern beschrieben, weil dies im Themenheft „Wind und Wetter" zu finden sein wird.

Dein Auer Verlag, Donauwörth

Gabriela Schlesiger, Konzept
Christina Beckmann, Grafik

Redensarten

Lies dir die Redensarten/Sprichwörter durch. Überlege, was sie bedeuten könnten und erkläre sie deiner Partnerin/deinem Partner!

Alternative: Kinder ziehen eine Karte, lesen die Redensart laut vor und erklären die Bedeutung der ganzen Klasse oder sie stellen die Redensart pantomimisch dar und die anderen müssen den Satz erraten. Anschließend wird die Bedeutung der ganzen Klasse erklärt.

1	Einen Luftsprung machen		A	Über seinen Ärger sprechen
2	Du bist Luft für mich		B	Die Sache ist noch nicht geklärt
3	Er ist ein luftiger Kerl		C	Er ist ein leichtsinniger Kerl
4	Da weht ein eisiges Lüftchen		D	Wütend werden
5	Ich bekomme hier keine Luft		E	Jetzt habe ich wieder etwas Zeit
6	Jetzt habe ich wieder etwas Luft		F	Der Vorwurf stimmt nicht
7	Er ist ein Luftikus		G	Es ist mir hier zu eng
8	Seinem Ärger Luft machen		H	Hinauswerfen
9	Frische Luft schöpfen		I	Schlechte Stimmung
10	Mir bleibt vor Schreck die Luft weg		J	Niemand beobachtet uns, niemand hört uns
11	Hier herrscht dicke Luft		K	Er weiß nicht, was er will
12	Die Luft ist rein		L	Hier herrscht Gefahr, hier ist schlechte Stimmung
13	An die frische Luft setzen		M	Ich mag dich nicht mehr sehen
14	Der Vorwurf ist völlig aus der Luft gegriffen		N	Ich bin sprachlos vor Schreck
15	In die Luft gehen		O	Sich über etwas ganz arg freuen
16	Die Sache hängt noch in der Luft		P	Spazierengehen

Ergebnis: 1-O, 2-M, 3-K, 4-I, 5-G, 6-E, 7-C, 8-A, 9-P, 10-N, 11-L, 12-J, 13-H, 14-F, 15-D, 16-B.

Das Namenwörtersuchspiel

Du benötigst folgende Materialien:
Bleistift
Notizheft
Bücher in denen das Thema Luft vorkommt

Aufgabe **1**:
Suche Namenwörter zum Thema „Luft" und schreibe sie in dein Notizheft.

Aufgabe **2**:
Schreibe zu jedem Namenwort einen passenden Satz in dein Notizheft.

Aufgabe **3** in Partner- oder Gruppenarbeit:
Der erste Wortteil wird auf einen Pappstreifen geschrieben,
der zweite Wortteil wird gezeichnet.

Aufgabe **4** in Partner- oder Gruppenarbeit:
Der erste Wortteil wird auf Pappstreifen geschrieben, der zweite Wortteil wird pantomimisch dargestellt und muss vom Partner oder von der Partnerin erraten werden.

Wörterliste für die Lehrerin/den Lehrer oder die Kinder als Arbeitskartei

Luftaufnahme	Luftikus	Luftschall
Luftballon	Luftkissen	Luftschaukel
Luftbereifung	Luftkühlung	Luftschicht
Luftbewegung	Luftkurort	Luftschiff
Luftbild	Luftlinie	Luftschlange
Luftblase	Luftmangel	Luftschloss
Luftbrücke	Luftmasche	Luftspiegelung
Lüftchen	Luftmatratze	Luftsport
Luftdruck	Luftpirat	Luftsprung
Luftdruckbremse	Luftpolizist	Luftstewardess
Luftfahrt	Luftpolster	Lufttemperatur
Luftfahrtkarte	Luftpost	Luftventil
Luftfahrzeug	Luftpostbrief	Luftveränderung
Luftfeuchtigkeitsmesser	Luftpumpe	Luftverkehr
Luftfilter	Luftqualität	Luftverschmutzung
Luftfracht	Luftraum	Luftwiderstand
Luftgewehr	Luftreifen	Luftwirbel
Lufthafen	Luftreise	Luftwurzel
Lufthauch	Luftröhre	Luftziegel
Luftheizung	Luftsack	Luftzufuhr
Lufthülle	Luftschacht	Luftzug.

Gleich gibt es einen .....

Aufgaben:
Lies deiner Partnerin/deinem Partner die Geschichte bis „Plötzlich macht es ..." vor.
Lass sie/ihn erraten, was passiert sein könnte.

Spielt die Geschichte eurer Klasse vor!

Lies die Geschichte und male ein Bild dazu!

Florian hat seiner kleinen Schwester aus dem Schreibwarenladen einen wunderschönen gelben Luftballon mitgebracht. Florians kleine Schwester ist 4 Jahre alt und heißt Nina. Sie nimmt den Luftballon, atmet tief ein und versucht die Luft in den Ballon hineinzublasen. Der gelbe Luftballon ist nicht sehr groß geworden. Er sieht aus wie ein verschrumpelter Apfel.

„Er soll größer werden", sagt sie zu ihrem Bruder. „Er soll so groß werden wie mein großer roter Ball." Dann bläst sie mehrere Backen voll Luft hinein. Ihr Ballon ist so groß wie ihr großer roter Ball.

„Er soll größer werden", sagt sie zu ihrem Bruder. „Er soll so groß werden, wie der große runde gelbe Mond an meinem Fenster." Nina atmet ganz tiiiiiiief Luft ein und bläst sie in den Luftballon. Plötzlich macht es ....

Nein, nein der Luftballon ist nicht geplatzt. Er ist Nina aus der Hand geflutscht und mit einem komischen Geräusch in der Luft hin und her geflogen, bis er ganz klein am Boden lag.

Das Kuckucksei

Das Kuckuckei liegt immer in einem fremden Nest. Du musst aus den 4 genannten Wörtern das falsche Wort (Kuckucksei) heraussuchen. Hier kannst du deiner Partnerin/deinem Partner die Wörter vorlesen, dann muss sie oder er das falsche Wort (Kuckucksei) benennen. Eine andere Möglichkeit: Du schreibst die Wörter auf und deine Partnerin/dein Partner streicht das Kuckucksei durch.

1
Ballon
Windmühle
Straße
Wind

2
Luftpumpe
Fahrradschlauch
Wasser
Luftmatratze

3
Fallschirm
Segelflugzeug
Motorboot
Flugdrachen

4
Segelboot
kalter Wind
Luftmuseum
Fußball

5
Segelflugzeug
Windmühlen
Auto
Windfahne

Ergebnis: 1-Straße, 2- Wasser, 3-Motorboot, 4-Fußball, 5-Auto

Einstimmung

Luftschlangensätze

Aufgabe:
Hier sollst du die Sätze spielerisch einfach in die richtige Form bringen.
Denke daran, Satzanfänge und Namenwörter werden groß geschrieben.

wildflattertdiewetterfahneimwind

_____

feuerkannohneluftnichtbrennen

_____

anmanchenortenistdieluftschonsehrstarkverschmutzt

_____

inhollandgibtesvielewindmühlen

_____

daskindbastelteinengroßendrachen

_____

derfahrradreifenhatkeineluftmehr

_____

opagehtdieluftbeimtreppesteigenaus

_____

derwindtreibtdassegelbootaufdasmeer

_____

wirallebrauchenluftzumleben

_____

einmotorseglerlandetaufdemflugplatz

_____

imtraumkannmanherrlicheluftschlösserbauen

_____

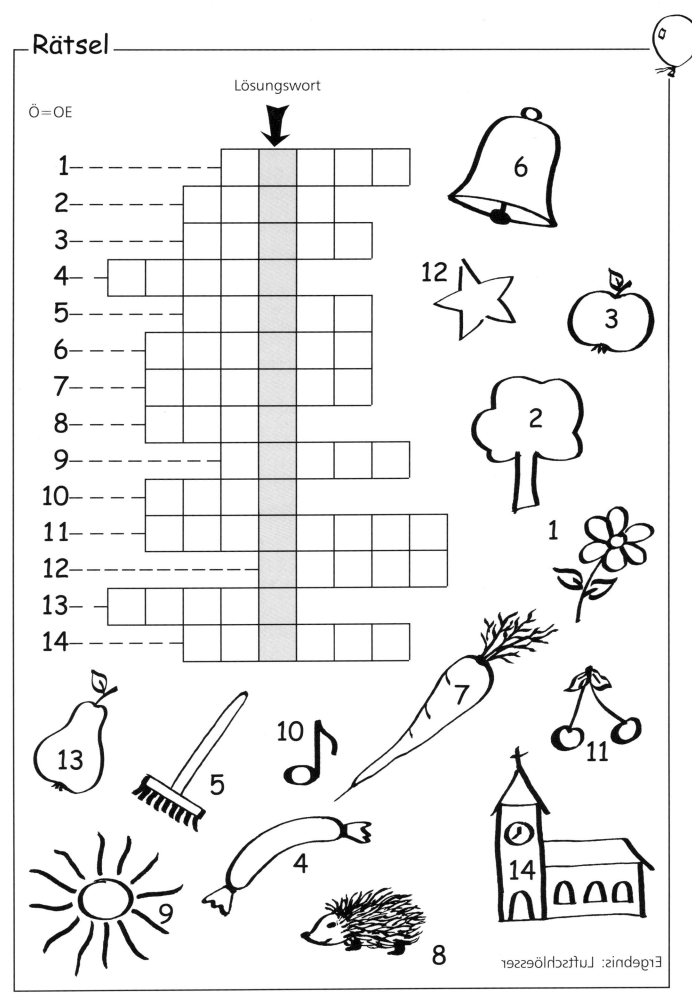

Das Luftkofferpacken

Ein lustiges Gedächtnisspiel

Welche Gruppe schafft es, die meisten Dinge in den Koffer einzupacken?
Es spielen 2 Gruppen gegeneinander.

Der erste aus Gruppe 1 fängt an: „Ich packe folgendes ein: Luft".
Der erste aus Gruppe 2 sagt weiter: „Ich packe folgendes ein: Luft, Schloss".

Der zweite aus Gruppe 1 sagt: „Ich packe folgendes ein: Luft, Schloss, Matratze".
Der zweite aus Gruppe 2 sagt: „Ich packe folgendes ein: Luft, Schloss, Matratze, Blasebalg".
usw.

Der erste Durchgang ist zu Ende, wenn ein Kind einen Fehler macht. Die Gruppe, welche keinen Fehler gemacht hat, bekommt einen Punkt. Wer zum Schluss die meisten Punkte hat, hat gewonnen.

Pantomimengeschichten

Lies dir die Aufgabenkarte genau durch. Besprich dich mit deinen Mitspielerinnen/Mitspielern. Stellt die Szene pantomimisch dar. Eure Zuschauerinnen/Zuschauer müssen danach erraten und erzählen, um was es ging.

Spielt folgende Szenen:

1 Ihr seid zu dritt auf einem Fahrradausflug. Plötzlich hat jemand von euch einen Platten. Was tut ihr?

2 Du lässt mit deiner Freundin/deinem Freund einen Drachen fliegen. Plötzlich reißt die Schnur.....

3 Du gehst mit deinem Schwimmring unterm Arm ins Schwimmbad. Dort angekommen, stellst du fest, dass du deine Luftpumpe vergessen hast. Was machst du?

Erfindet in eurer Gruppe eigene Pantomimengeschichten, die etwas mit dem Thema Luft zu tun haben und die von der anderen Gruppe geraten und nacherzählt werden.

Ein Luftbild

Collage

Du benötigst folgende Materialien:
Zeitschriften
Schere
Kleber
1 großes, einfarbiges Blatt

Aufgabe:
Schneide die Dinge aus, die etwas mit Luft zu tun haben. Das können Dinge sein, die Luft brauchen, um zu schwimmen, zu fliegen oder auch um zu leben. Möglichkeiten sind z.B. ein Heißluftballon, ein Flugzeug, ein Vogel, Schwimmringe, eine Luftmatratze, Bäume usw.

Klebe die Bilder auf das große Blatt. Anschließend erzählst du den anderen Kindern über dein Luftbild.

Einstimmung

Luftblasenspielerei

Du benötigst folgende Materialien:
2 durchsichtige Trinkgläser
1 Schüssel
1 Tintenpatrone blau
Wasser

Aufgabe:
Fülle die Schüssel mit Wasser. Tropfe die Tinte aus der Patrone hinein. Rühre das Wasser kurz mit der Hand. Nimm beide Gläser in die Hand. Halte das erste Glas schräg unter Wasser, damit es sich ganz mit Wasser füllt. Das zweite Glas hältst du mit der Öffnung senkrecht nach unten und tauchst es in das Wasser ein. Halte es erst jetzt schräg im Wasser, damit Luftblasen entweichen können. Mit dem anderen Glas versuchst du jetzt, die Luftblasen zu fangen.

Die trockene Serviette

Du benötigst folgende Materialien:
1 durchsichtige Schüssel mit Wasser
1 Wasserglas
1 Papierserviette

Aufgabe:
Knülle die Serviette zusammen und drücke sie so in das Wasserglas, dass sie nicht herausfallen kann. Drücke das Wasserglas mit der Öffnung nach unten vorsichtig in die Wasserschüssel und nimm es wieder heraus. Hole die Serviette mit trockenen Händen aus dem Glas heraus.

Was ist passiert?

_____

_____

_____

Ergebnis: Die Serviette ist trocken, da die Luft noch im Glas war.

Luft kann man spüren und sehen

Luftblasen

Du benötigst folgende Materialien:
1 große Schüssel
Wasser
1 durchsichtige Flasche ohne Aufschrift

Aufgabe:
Fülle die Schüssel zu 3/4 mit Wasser und tauche die Flasche hinein.

1 Tauche die Flasche so in das Wasser, dass der Flaschenhals höher ist als der Flaschenbauch. Was beobachtest du?
Schreibe deine Beobachtungen auf und male sie in die Zeichnung ein!

_____
_____
_____
_____
_____

2 Tauche die Flasche so in das Wasser, dass der Flaschenhals tiefer ist als der Flaschenbauch. Was beobachtest du?
Schreibe deine Beobachtungen auf und male sie in die Zeichnung ein!

_____
_____
_____
_____
_____

Ergebnis: 1. Luftbläschen, 2. keine Luftbläschen.

Luft kann man spüren und sehen

Lufttemperatur

Was heißt: Du kannst Luft spüren?

Erinnere dich an die letzten Tage oder Wochen!
Wie war da die Luft?
Heiß, warm, schwül, feucht, trocken, hitzig ...?

Male dir nach dem Muster einen Kalender, in den du morgens, mittags, nachmittags und abends immer zur gleichen Uhrzeit die „gespürte Luft" einträgst.
Nach einer Woche kannst du deine Eintragungen mit denen der anderen Kinder aus deiner Klasse vergleichen. Hattet ihr immer das gleiche Empfinden?

	9 Uhr	12 Uhr	15 Uhr	18 Uhr
Mo				
Di				
Mi				
Do				
Fr				
Sa				
So				

Suche zusammen mit anderen Schülern und Schülerinnen Fantasienamen!

lieblingswarm, morgenkühl, _____

Luft kann man spüren und sehen

Lufttemperatur

Wir messen die Lufttemperatur

Du benötigst folgende Materialien:
1 großes Thermometer
1 Notizblock
1 großes Blatt

Aufgabe:
Lass dir erklären, wie ein Thermometer abgelesen wird. Deine Lehrerin oder dein Lehrer zeigt es dir an einem gebastelten Papp-Thermometer oder an einem richtigen Thermometer.

Miss verschiedene Ecken in einem Raum, auf dem Flur, draußen etc. eine Woche lang zu der gleichen Uhrzeit (z.B. 10 Uhr). Trage deine Ergebnissse in die Tabelle ein. Besprich und vergleiche deine Ergebnisse mit den Ergebnissen der anderen Kinder aus deiner Klasse. Habt ihr immer gleich gemessen?

	Klassenzimmer vorne	Klassenzimmer hinten	Schulhauseingang	Schulhof	Bank im Schatten
Mo					
Di					
Mi					
Do					
Fr					

Für die Lehrkraft:

Ein großes Thermometer aus Pappe, in dem oben und unten je ein Schlitz ist, durch den ein 2-farbiges Band (blau und rot) gezogen wird. Die Enden der Bänder werden miteinander verbunden und die Temperaturskala wird eingezeichnet.
An diesem großen Thermometer können die Schüler und Schülerinnen nach jeder Messung die Temperatur neu einstellen. So lernen sie sehr schnell, mit dem Thermometer umzugehen. Im abgebildeten Beispiel beträgt die Temperatur 15° C.

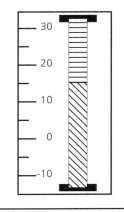

Ist es warm oder kalt?

Eine Fantasiereise durch lauwarme Nächte, eiskalten Schnee und windige Straßen

Du benötigst folgende Materialien:
1 Mütze
1 Stuhl für den Sitzkreis

Setzt euch in den Stuhlkreis. Deine Lehrerin oder dein Lehrer fängt an, eine Geschichte zu erzählen. Du musst bei kühlen Temperaturen die Mütze aufsetzen, bei warmen Temperaturen die Mütze absetzen.

Die Geschichte fängt so an:
Ich komme nach Hause und setze mich an den Ofen (Mütze ab).
Ich ruhe mich etwas aus und gehe nach draußen in den Regen (Mütze auf).
Da treffe ich meine Freundin Ronja.
Wir gehen zum Bäcker ein Brötchen kaufen
usw.

Erfindet selber eine Reihum-Geschichte. Jeder/jede sagt nur einen Satz. Dann ist der/die Nächste dran. Alle müssen genau hinhören, ob sie die Mütze auf- oder absetzen müssen.

Hausaufgabe: Male eine Geschichte und setze den Kindern dabei die Mütze auf oder ab.

Lufttemperatur

Du benötigst folgende Materialien:
einen blauen und einen roten Reifen

Aufgabe:
Ein Kind hält den blauen, ein Kind den roten Reifen.
Der blaue Reifen bedeutet kühle oder kalte Lufttemperatur.
Der rote Reifen bedeutet warme oder heiße Lufttemperatur.

Der Spielleiter/die Spielleiterin stellt Fragen an die Kinder. Die Kinder beantworten die Fragen mit einer Rolle vorwärts durch den blauen oder roten Reifen.

Wie ist die Luft beim Skifahren?

Weitere Fragen:
Wie ist die Luft
- im Kühlschrank?
- in der Backstube?
- im Kühlhaus?
- im Winter?
- im Freibad?
- in der Badewanne?
- in der Sauna?
- auf der Schlittschuhbahn?

Luft kann man spüren und sehen

Bewegende Luftspiele

Du benötigst folgende Materialien:
mehrere kleine bunte Federn aus dem Bastelladen
mehrere verschiedenfarbige Chiffontücher

Spiel 1
Wirf die Feder hoch und fange sie mit zwei Fingern und dem Daumen auf.

Spiel 2
Nimm eine kleine Feder und puste sie zu deiner Mitspielerin/deinem Mitspieler. Die Feder wird hin und her gepustet, bis sie am Boden liegt.

Spiel 3
Knäule ein Chiffontuch zusammen, wirf es hoch und fang es auf.

Spiel 4
Wirf das Chiffontuch in die Luft und lasse es zu Boden segeln.

Spiel 5
Die Spielleiterin/der Spielleiter gibt ein Zeichen (Pfeife), alle Kinder werfen ihr Chiffontuch in die Luft und müssen ein anderes auffangen.

Die Luftballonrakete

Du benötigst folgende Materialien:
1 Luftballon
1 Strohhalm
Tesafilm
1 langen Bindfaden

Aufgabe:
Ziehe den Strohhalm auf den Bindfaden. Spanne den Faden zwischen einer Stuhllehne und einer Türklinke, einem Nagel oder etwas Ähnlichem. Der gespannte Faden muss von der Stuhllehne aus nach oben führen. Klebe nun den Strohhalm mit einem Tesafilmstreifen in der Mitte des Luftballons fest. Der Aufblaszipfel des Luftballons muss in Richtung Stuhl zeigen. Nun blase den Luftballon vorsichtig auf, halte das Ende fest und lasse es plötzlich los.

Was passiert?

_____

_____

_____

_____

_____

_____

Ergebnis: Der Luftballon fliegt wie eine Rakete nach oben.

Ein bewegendes Himmelbild

Du benötigst folgende Materialien:
1 Zeichenblatt (Querformat)
oder die beiden vorgegebenen Bilderrahmen auf dem Arbeitsblatt
Holzfarbstifte

Aufgabe:
Stellt euch nebeneinander an die Fensterbank des Klassenzimmers. Merke dir deinen Standplatz. Schau dir den Himmel genau an. Male jetzt den Himmel mit den Wolken so, wie du ihn siehst. Wenn du fertig bist, setzt du dich wieder auf deinen Platz. 30 Minuten später gehst du wieder an deinen Fensterplatz und malst ein zweites Himmelbild.

Danach vergleiche die beiden Bilder miteinander!

Der Luftfächer

Du benötigst folgende Materialien:
1 breiten Streifen Papier
1 kleinen Faden
2 Pappstreifen
Kleber

Aufgabe:
Den Papierstreifen anmalen und in Zickzackform zusammenfalten. Den Streifen in der Mitte zusammenknicken und den kleinen Faden herumbinden. Verknoten. Nur die beiden inneren Faltflächen zusammenkleben. Die beiden äußeren Enden mit Kleber bestreichen und auf die Pappstreifen kleben.

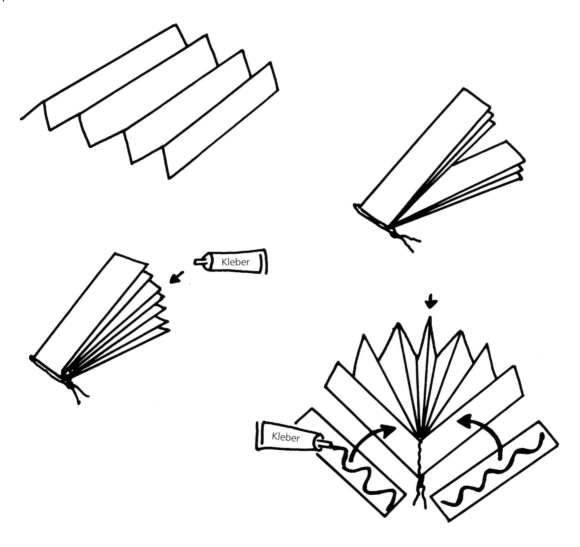

Spiele mit dem Fächer
2 Kinder sitzen sich gegenüber und fächern sich Luft ins Gesicht, auf die Arme, Handflächen, auf die Haare etc.

Danach werden einem Kind die Augen zugebunden. Das andere Kind fächert Luft zu. Nun muss das Kind sagen, wo es den Luftzug spürt.

Weitere Luftfächerspiele

Du benötigst folgende Materialien:
Wattebällchen
Stoppuhr
Dosen
Bauklötze
Streichholzschachteln

Spiel 1
Lege 1 oder 2 Wattebällchen auf den Tisch. Nimm einen Fächer oder ein Stück Pappe und versuche die Wattebällchen von einer Seite des Tisches zur anderen Seite zu fächern.

Spiel 2
Stellt euch an einer Startgeraden auf. Beim Startpfiff fächert ihr euer Wattebällchen so schnell wie möglich in die Zielgerade.

Spiel 3
Wattebällchen-Parcour

Ihr benötigt verschiedene Hindernisse auf dem Boden, z.B. Streichholzschachteln, Büchsen, Bauklötze etc. Zeichne dir mit Kreide deinen Weg ein. Start und Ziel nicht vergessen. Ihr könnt die Zeit stoppen. Wer war der oder die Schnellste?

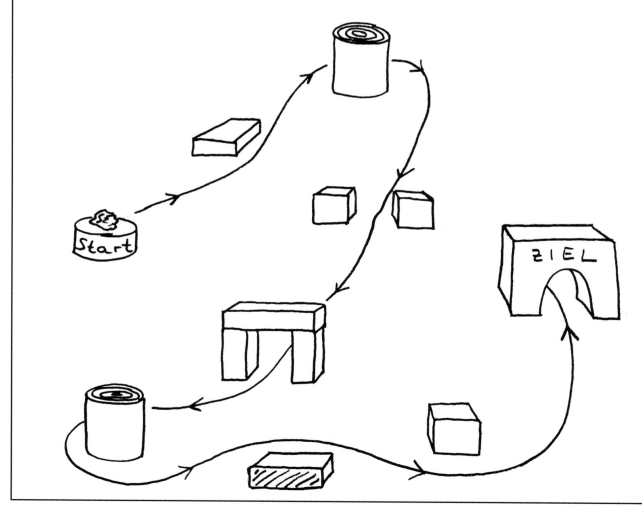

Ein bunter Windvogel

Du benötigst folgende Materialien:
1 Schablone
1 Filzstift
Stecknadeln
Nähgarn (gleiche Farbe wie der Stoffzuschnitt)
1 Nähnadel
1 gute Schneideschere
etliche bunte Bänder, jeweils zur Hälfte 80 cm und die andere Hälfte 100 cm lang
Reiskörner

Aufgabe:
Übertrage die Schablone auf einen doppelt gelegten Stoff (immer zuerst am Rand anfangen). Ordentlich ausschneiden. Der Körper wird ringsherum, außer der Stelle von A bis B, zugenäht. Jetzt wendest du deine Näharbeit und streichst die Naht mit den Fingern glatt. Durch einen Trichter lässt du die Reiskörner in den Vogelkörper rieseln. Achtung: Der Körper darf nicht zu prall gefüllt sein. Lege die bunten Bänder in die Öffnung hinein, stecke das Ganze mit Stecknadeln fest und nähe es mit kleinen Schlingstichen zu. Wenn du mit einer Nähmaschine nähen kannst, fahre das Bänderende mehrmals hin und her. Am Schnabel wird eine 50 cm lange Wurfschnur festgenäht.

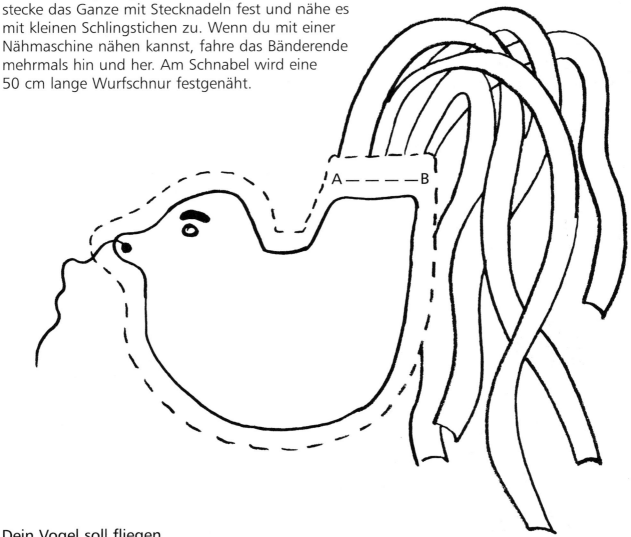

Dein Vogel soll fliegen
Mit kräftig schwingenden Kreisen lässt du bei der 4. Aufwärtsumdrehung deinen Vogel los. Beobachte, wie er seine Bänder ausbreitet, einen Bogen zieht und dann am Boden landet. Es eignet sich ein weiträumiger Platz. Nehmt Messbänder zum Abmessen der Strecke mit.

Collage

Du benötigst folgende Materialien:
alte Zeitschriften
Kleber
1 Plakat

Aufgabe:
Schneide aus Zeitschriften Gegenstände aus,
in denen Luft festgehalten wird,
z.B. Fahrradreifen, Autoreifen,
Luftballon, Luftmatratze,
Schwimmente usw.

Klebe die Bilder zu einer Collage. Sprich anschließend im Sitzkreis über deine Collage.

Das Luftballonmännchen

Du benötigst folgende Materialien:
Karton
Wollfäden
Papier (Buntpapier)
Schere
Bleistift
Kleber
doppelseitiges Klebeband
1 Luftballon

Aufgabe:
Du stellst deine Füße auf den Karton. Ein anderes Kind umfährt mit dem Bleistift deine Füße. Jetzt machst du das gleiche bei deinem Partner/deiner Partnerin. Schneide den Doppelfuß aus.
Achtung, es gibt einen Doppelfuß und nicht zwei einzelne Füße!!!

Blase den Luftballon auf und verknote ihn. Um den Knoten herum klebst du Wollfäden als Haare an. Aus Buntpapier klebst du Augen und Mund an. Der Doppelfuß wird jetzt mit dem doppelseitigen Klebeband beklebt. Den Luftballon befestigst du am Klebeband.
Vorsichtig andrücken.
Jetzt kannst du das Luftballonmännchen springen lassen.
Probier verschiedene Möglichkeiten aus!

26 In vielen Gegenständen ist Luft

Wir experimentieren

Du benötigst folgende Materialien:
1 Luftpumpe
1 Luftmatratze
1 Ball
1 Schwimmflügel
1 Luftballon
aufblasbare Tiere
1 Fahrradreifen
etc.

Aufgabe:
Pumpe die Gegenstände ein wenig, halb voll und voll mit Luft auf.
Untersuche wie stark ein Gegenstand mit Luft gefüllt sein muss, damit man ihn gut benutzen kann und notiere deine Ergebnisse in der Tabelle.

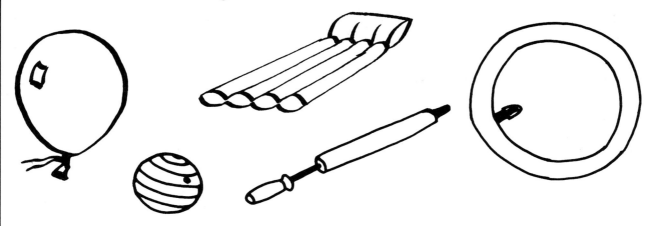

	ein wenig gefüllt	halb gefüllt	ganz gefüllt
Luftmatratze			
Luftballon			
Luftpumpe			
Ball			
Schwimmflügel			
Fahrradreifen			
aufblasbare Tiere			

Luftballonspiel

Du benötigst folgende Materialien:
Viele Luftballons
1 Schubkarre
1 Esslöffel

Spiel 1
Blast mehrere Luftballons auf und legt sie in die Schubkarre. Markiert eine Start- und eine Ziellinie. Auf ein Startzeichen hin läufst du los und versuchst alle Luftballons in der Schubkarre ins Ziel zu bringen. Pro Ballon, den du in das Ziel bringst, gibt es 1 Punkt.

Spiel 2
1 Luftballon aufblasen, verknoten und zwischen die Stirn von dir und deinem Partner/deiner Partnerin legen. Bewegt euch, ohne den Luftballon zu verlieren.

Spiel 3
Blase einen Luftballon auf, verknote ihn und balanciere ihn auf einem Esslöffel.

Spiel 4
Blase einen Luftballon auf, verknote ihn und klemme ihn zwischen den Beinen fest. Versuche mit anderen Kindern um die Wette zu laufen.

Erfindet miteinander Luftballonspiele! Schreibe einige Erfindungen auf!

Der Luftballonwettbewerb

Aufgabe:
Schreibe eine Geschichte zum Luftballonwettbewerb auf. Damit es dir nicht schwer fällt, bekommst du ein paar kleine Informationen.

Jolanda nimmt an ihrer Schule an einem Ballonwettbewerb teil. Jeder mit Gas aufgeblasene Ballon bekommt einen Zettel angeheftet. Auf dem Zettel steht der Name von dem jeweiligen Kind sowie die Adresse der Schule. Alle Ballone werden von den Kindern losgelassen. Sie fliegen weit nach oben in den Himmel. Der Wind treibt sie weg. Wochen später kommen einzelne Karten mit der Post zurück.
Schau dir einige Länder auf der Europakarte an. Wo könnte Jolandas Ballon hingeflogen sein? Suche dir zuerst das Land, dann die Stadt oder das Dorf aus, wo der Luftballon von Jolanda gelandet ist. Überlege dir, welches Kind den Luftballon mit Karte gefunden hat. Was macht das Kind mit der Karte? Kommt die Karte von Jolanda an die Schule zurück? Wenn ja, was wird Jolanda machen?

Tipp: Veranstaltet einen Luftballonwettbewerb! Vielleicht kommen eure Karten auch zurück. Es könnten neue Brieffreundschaften entstehen.
Lass dir von Erwachsenen helfen, da sie sich erkundigen müssen, an welchem Tag sie so einen Luftballonwettbewerb steigen lassen dürfen.

Luftgeräusche

Setze die Geräusche zu dem dazu passenden Gegenstand ein und streiche sie jeweils durch!

schnaubend – fiepend – fauchend – zischend – pfeifend – quietscht – jaulende – heulende

Einer Luftmatratze wird der Stöpsel herausgezogen.
Die Luft strömt laut _____ und _____ aus.

Das Ventil eines aufgepumpten Fahrradschlauches wird aufgedreht.
Die Luft strömt _____ aus dem Schlauch.

Die Fahrradpumpe wird ein- und ausbewegt.
Die Luft wird _____ herausgepresst.

Du trittst auf den Blasebalg.
Die Luft strömt _____ aus dem Schlauch.

Du bewegst einen geriffelten Plastikschlauch schnell hin und her.
Dabei hörst du _____ und _____ Töne.

Du bläst einen Luftballon auf und hältst das Mundstück zwischen deinen Fingern.
Die Luft strömt aus und _____.

Suche noch weitere Geräusche-Wörter, die Luft von sich gibt!
Ordne die Wörter nach dem Alphabet

A _____   N _____
B blasen _____   O _____
C _____   P _____
D _____   Q _____
E _____   R _____
F fauchen _____   S _____
G _____   T _____
H _____   U _____
I _____   V _____
J _____   W _____
K _____   X _____
L _____   Y _____
M _____   Z _____

Ergebnis: zischend, fauchend, pfeifend, schnaubend, fiepend, jaulende, heulende, quietscht.

Auer   Luft kann man hören   29

Wie kommt das Geräusch in mein Ohr?

Es liegt etwas in der Luft/Schallwellen

Gehe mit einem Erwachsenen an einen Teich und wirf einen Stein in das Wasser. Du wirst immer mehr Wasserringe sehen. Genauso überträgt die Luft die Schallwellen. Sehen können wir dies nicht, aber hören. Der Schall geht von einer Schallquelle aus. Du nimmst ihn mit dem Ohr auf und dein Gehirn „hört" ihn als Töne, Klänge oder Geräusche. Du empfindest es als angenehm, manchmal als scheußlich.
Den Schall, den du mit deiner Stimme erzeugst und der von der Luft weiter getragen wird, benutzt du, um mit anderen Menschen zu sprechen.
Wenn du einen Luftballon aufbläst und ihn mit einer Nadel zum Platzen bringst, breitet sich der Schall in der Luft mit einer Geschwindigkeit von 340 Metern pro Sekunde aus.
Um dir zu zeigen, dass der Schall die Luft in Schwingungen versetzt, sollen dir folgende Versuche weiterhelfen.

Der Schalltrichter

Der Schall wird nicht nach allen Seiten verbreitet, er wird jetzt in eine Richtung gelenkt. Du musst nicht schreien und trotzdem ist deine Stimme laut.

Du benötigst folgende Materialien:
1 Bogen festeres Papier
Klebeband

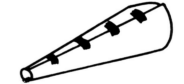

Aufgabe:
Rolle den Bogen Papier zu einem Trichter zusammen.
Befestige die äußere Längskante mit Klebeband.
Dein Trichter ist fertig.

Probiere ihn aus mit leisem, mittlerem und lautem Sprechen.

Was hast du beobachtet?
Berichte in deiner Klasse!

Die Schalltrommel

Du benötigst folgende Materialien:
1 kleine Plastikschüssel
1 Gummiring
1 Topf mit Stiel
1 Plastikfolie, die größer als die Schüssel ist
ungekochte Reiskörner
1 Schere
1 Holzkochlöffel
1 Klebeband

Aufgabe:
Schneide die Plastikfolie für die Schüssel zurecht. Sie muss weit über den Rand schauen. Lege die Folie über die Schüssel und spanne sie mit dem Gummiring fest. Klebe die Folie ringsum mit dem Klebeband fest. Fertig ist die Schalltrommel. Lege jetzt ein paar Reiskörner auf die Folie bzw. deine Trommel.

Halte jetzt den Topf schräg an die Trommel. Schlage mit dem Kochlöffel auf den Boden das Topfes.

Was passiert?
Der Schall gelangt vom Topf auf deine Trommel.
Die Folie schwingt. Die Reiskörner hüpfen.

Setze die passenden Wörter an die richtige Stelle und streiche sie jeweils durch!

Reis – Schwingung – hüpfen – Schall

Ich schlage auf den Topf.

Der Topf wird in _____ versetzt.

Die Luft trägt den _____ an die Plastiktrommel.

Die Trommel schwingt.

Die Schwingungen bringen den _____ zum Hüpfen.

Von der Seite sehe ich den Reis _____.

Ergebnis: Schwingung, Schall, Reis, hüpfen

Luft kann man hören 31

Das Echo

Es liegt etwas in der Luft/Schallwellen

Schallwellen treffen manchmal auf einen Gegenstand, bevor du sie hörst, und werden zurückgeworfen. Das nennt man Echo. Die Echowand muss mindestens 17m entfernt sein. Zur Erklärung: Der Schall legt in 1 Sekunde 340 m zurück. Dein Ohr kann erst in einer Zeitspanne von 1/10 Sekunde (Die Zählweise kennst du bestimmt vom Sport, z.B. Skirennen, 100-Meter-Lauf etc. aus dem Fernsehen) den Ruf und das Echo wahrnehmen. Für diese Zeitspanne von 1/10 Sekunde benötigt das Echo also genau 340 m: 10 = 34 m. Dies wird aufgeteilt in einen Hinweg von 17 m und einen Rückweg von 17 m (34 m : 2 = 17 m).

Wir möchten dir nun einen Versuch zeigen, den du nachmachen kannst. Hier ist die Entfernung kürzer, da es um einen Versuch im Zimmer geht.

Du benötigst folgende Materialien:
1 tickende Armbanduhr
2 Papprollen (Klopapier)
6 gleich dicke Bücher
1 Porzellanteller (flach)
und einen Partner oder eine Partnerin

Aufgabe:
Lege jeweils 3 Bücher zu einem Stapel zusammen und lege auf jeden Stapel 1 Papprohr

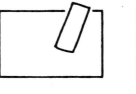

Lege die tickende Uhr in den vorderen Randbereich des Papprohres. Lege dein Ohr an das andere Papprohr. Hörst du etwas? Nein.

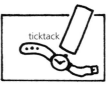

Dein Partner/deine Partnerin hält jetzt den flachen Porzellanteller dicht vor die Papprohre. Nicht berühren! Du hörst jetzt die Uhr ticken.

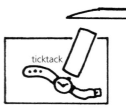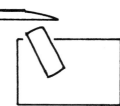

Mache weitere Versuche!
Anstatt des Tellers nimm einen Korkteller, Holz, Plastik, Papier usw. Was stellst du fest? Halte dein Ergebnis in der Tabelle fest!

	Holz	Kork	Papier	Metall	Watte	
Ich höre den Schall						
Ich höre den Schall nicht						

Ergebnis: Der Schall wird von harten Gegenständen zurückgeworfen, von weichen nicht.

Die Gummigitarre

Du benötigst folgende Materialien:
4 oder 5 verschieden dicke Gummiringe
3 Filzstifte oder dicke Holzfarbstifte
1 Blechbackform, rechteckig

Aufgabe:
Spanne die verschieden dicken Gummiringe in einer Reihenfolge von dick nach dünn oder dünn nach dick längs über die Backform. Zupfe an den Gummis. Sie hören sich matt an. Überlege, wie du den Ton ändern kannst!

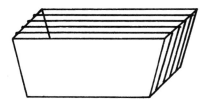

_____

_____

Schiebe an jedem Ende der Backform einen Stift unter die Gummis. Der Stift liegt auf der Backform auf. Zupfe an den Gummis. Wie hört sich der Ton an?

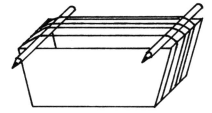

_____

_____

Ergebnis: Stifte unter die Gummis schieben/Der Ton ist heller.

Jetzt nimmst du den 3. Stift und bewegst ihn hin und her, mit den anderen Fingern zupfst du an den Gummis. Was passiert? Setze ein (verändert sich / bleibt gleich)!

Die Tonhöhe _____

Was ist passiert?

Setze die folgenden Wörter in den untenstehenden Text ein!

Gummiringe – Tonhöhe – höher – Backform – Schall – Stifte

Die Schwingungen werden durch die _____ auf die _____ übertragen. Die Backform fängt an zu schwingen und strahlt den _____ ab. Legst du einen Stift auf die _____, so kannst du damit die _____ verändern. Je kürzer der schwingende Gummiring ist, desto _____ der Ton.

Ergebnis: Stifte/Backform/Schall/Gummiringe/Tonhöhe/höher

Ⓐ Auer   Luft kann man hören 33

Die Flaschenorgel

Du benötigst folgende Materialien:
6 durchsichtige Flaschen, gleich groß und mit engem Hals
Lebensmittelfarben, mindestens 3 verschiedene Farben
1 Krug
Wasser

Aufgabe:
Stelle die 6 Flaschen nebeneinander auf. Sie dürfen sich nicht berühren. Gieße in jede Flasche eine andere Menge an Wasser. Verändere es stufenweise, indem du zwischendurch immer wieder hineinbläst. Färbe das Wasser mit Lebensmittelfarbe ein.

Du bläst leicht über die Flaschenöffnung. Jede deiner Flaschen ergibt einen anderen Ton.

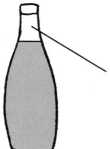

Eine kurze oder kleine Luftsäule ergibt einen hohen Ton.

Was für einen Ton ergibt eine lange Luftsäule, wenn du hineinbläst?

Ergebnis: Eine lange Luftsäule ergibt einen _____ Ton.

Tipp: Mache einen Ausflug in eine nahe gelegene Kirche. Dort schau dir einmal die Orgel mit den Orgelpfeifen an. Vielleicht erklärt dir der Orgelspieler/die Orgelspielerin, wie Orgelpfeifen funktionieren.

Ergebnis: Eine lange Luftsäule ergibt einen tiefen Ton.

Wie stark ist deine Atemluft verschmutzt?

Du benötigst folgende Materialien:
1 Glas ohne Schraubverschluss
breites, durchsichtiges Klebeband
Tageslichtprojektor

Aufgabe:
Schneide zwei Tesa-Streifen ab, lege sie mit der Klebeseite nach oben über die Öffnung des Glases. Klebe die Streifen an der Seite mit Klebestreifen fest.

Stelle das Glas auf den Balkon oder auf die Fensterbank. Nach ein paar Tagen löse die Streifen ab. Lege sie, mit der Klebefläche nach oben, auf den Tageslichtprojektor. Schneide einen neuen Streifen ab und klebe ihn daneben.

Was siehst du?

_____
_____
_____
_____

Besprich diesen Vorgang gemeinsam in der Klasse.
Wiederhole den Versuch an anderen Orten.

Schlechte Luft

Male ein großes Bild mit z.B. Fabriken, Autos, Schornstein, Feuer.
Hebe die Abgaswolken mit bräunlich-gelber Farbe hervor.

Wie kannst du Abgase vermeiden?

_____
_____
_____

Alles, was lebt, braucht Luft zum Atmen

Ein Flaschengeist

1. Versuch

Du benötigst folgende Materialien:
1 Zehn-Pfennig-Stück
1 leere, durchsichtige Flasche mit engem Hals

Aufgabe:
Lege die Flasche in den Kühlschrank. Nimm die Flasche heraus. Stelle sie auf den Tisch und lege das Geldstück genau auf die Öffnung. Halte beide Hände um die Flasche.

Was beobachtest du?

_____

_____

2. Versuch

Du benötigst folgende Materialien:
1 Luftballon
1 leere, durchsichtige Flasche
1 Wasserkrug
1 niedrige Schüssel
Kühlschrank oder Eiswürfel
warmes bis heißes Wasser - Achtung!

Aufgabe:
Lege die Flasche zum Abkühlen eine Zeitlang in den Kühlschrank oder in eine Schale mit Eiswürfeln. Nimm die Flasche heraus und stelle sie in die flache Schüssel. Ziehe über den Flaschenhals den Luftballon. Gieße warmes/heißes Wasser mit dem Wasserkrug in die Schüssel.

Was passiert? Male deine Beobachtung in die Zeichnung ein!

vorher   nachher

Ergebnis: Der Luftballon dehnt sich aus.

36 Luft dehnt sich aus

Der Heißluftballon

Der Heißluftballon als Dekoration

Du benötigst folgende Materialien:
Tapetenkleister
Seidenpapierreste
1 Luftballon
1 Jogurtbecher, auf die Hälfte geschnitten
2 gleichlange Wollfäden
Locher
Schere

Aufgabe:
Tapetenkleister ansetzen. Luftballon aufblasen und mit Seidenpapier und Tapetenkleister bekleben. Den Jogurtbecher genauso bekleben. Beides über Nacht trocknen lassen.
Am nächsten Tag in beide Seiten des Jogurtbechers ein Loch knipsen.
Eine Öffnung unten in den Ballon schneiden und den Luftballon vorsichtig herausziehen. Zwei Löcher knipsen. In jedes Loch einen Wollfaden von außen nach innen einfädeln und verknoten. An den unteren Enden die Jogurtbecher-Gondel befestigen. Fertig ist der Heißluftballon.

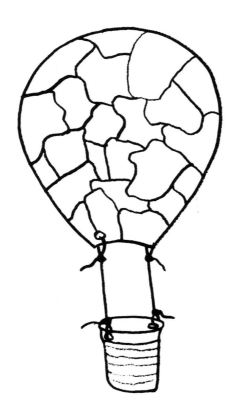

Ein Heißluftballon, der fliegen kann I

Du benötigst folgende Materialien:
Ballonschablone aus fester Pappe (stellt dein Lehrer/deine Lehrerin zur Verfügung)
20 Seidenpapierbogen
Filzstifte
Schere
Bastelkleber
Tesafilm breit
jede Menge Zeitungspapier
Schnur
1 langen dünnen Stock, evtl. einen dünnen Besenstiel
1 selbst hergestellten Flammenschutz, (große Alukonservendose aus dem Restaurant – Boden und Deckel heraustrennen – oder eine dünnwandige Papprolle mit Alufolie auskleiden
1 Bunsenbrenner oder einflammigen Campingkocher
Streichhölzer

Bauanleitung für Erwachsene mit Kindern (ab 4. Schuljahr)

Oberer Teil

1 Für den oberen Teil des Ballons benötigst du 16 Seidenpapierbogen. Zuerst müssen immer zwei Seidenpapierbogen mit der Schmalseite aneinander geklebt werden. Klebefläche sollte hier 1 bis 2 cm betragen. Jetzt hast du 8 Doppelbogen.

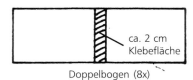

Seidenpapierbogen   Seidenpapierbogen   Doppelbogen (8x)

2 Alle 8 Doppelbogen müssen nun der Länge nach in der Mitte gefaltet werden.

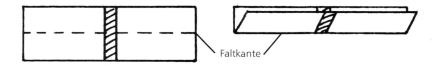

Faltkante

3 Die gefalteten Doppelbogen danach ganz genau und deckungsgleich aufeinanderlegen. Achtung! Achte bitte darauf, dass dabei auch alle Faltkanten auf der gleichen Stelle aufeinander liegen. Mit Büroklammern zusammenheften.

offene Seiten
Faltkanten

4 Nun kannst du die Ballonform mit Hilfe der aus Pappe selbst hergestellten Ballonschablone zuschneiden. Die Ballonschablone musst du so auf die Doppelbogen legen, dass deren lange Gerade (siehe Zeichnung) mit der Gerade der Faltkanten genau abschließt. Umfahre die Schablone mit einem Filzstift. Mit einer guten Schere werden mit einem Schnitt entsprechend der Ballonschablone alle acht Doppelbogen zugeschnitten. Heftklammern entfernen.

übereinander gelegte Doppelbogen
Ballonschablone   Faltkanten (lange Gerade der Schablone hier auflegen)   ausgeschnittene Doppelbogen

Ein Heißluftballon, der fliegen kann II

5 Die zugeschnittenen Seiten der Doppelbogen musst du jetzt aneinander kleben. Dabei legst du einen Doppelbogen (immer noch in gefaltetem Zustand) nach dem anderen deckungsgleich aufeinander und verklebst deren zugeschnittene Seiten etwa 1 cm breit aneinander (Klebenaht). Du musst dabei aber darauf achten, dass nicht etwa ein Doppelbogen für sich zusammengeklebt wird, so dass er hinterher nicht mehr aufgefaltet werden kann! Es ist daher sinnvoll, genügend Zeitungspapier zwischen die gefalteten Doppelbogen zu legen.

Wenn du alle 8 Doppelbogen aneinander geklebt hast hast, bildet sich beim Auffalten ziehharmonikaförmig die runde Ballonform, wobei die Klebenähte jetzt nach außen abstehen.
Achtung, noch nicht zusammenkleben, da es das Anbringen des unteren Ballonteils erschwert.

Unterer Teil (Schlauch)

6 Für den unteren Teil des Ballons (den Schlauch) werden vier Seidenpapierbogen benötigt. Diese klebst du an den langen Seiten mit einer Klebenaht von ca. 2 cm zusammen.

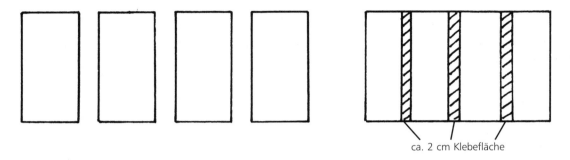

ca. 2 cm Klebefläche

7 Diesen unteren Teil klebst du mit der Unterkante der Wölbung vom oberen Teil zusammen.
Achte auch hier auf eine 2 cm Klebenaht.
Achtung! Du musst den oberen Teil des Ballons vorher so auffalten, dass die Unterseite straff und faltenfrei mit der längeren Seite des Schlauches zusammengeklebt werden kann.

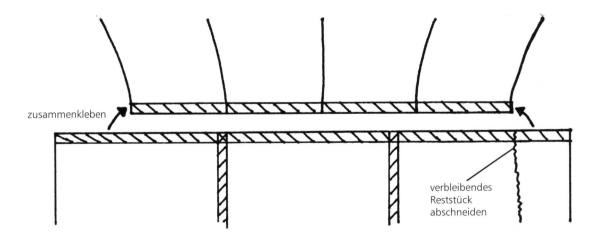

zusammenkleben

verbleibendes Reststück abschneiden

8 Jetzt muss der Ballon geschlossen werden. Du musst die zwei äußeren Formseiten des Ballons zusammenkleben, so dass auch diese Klebenaht nach außen absteht.

Ein Heißluftballon, der fliegen kann III

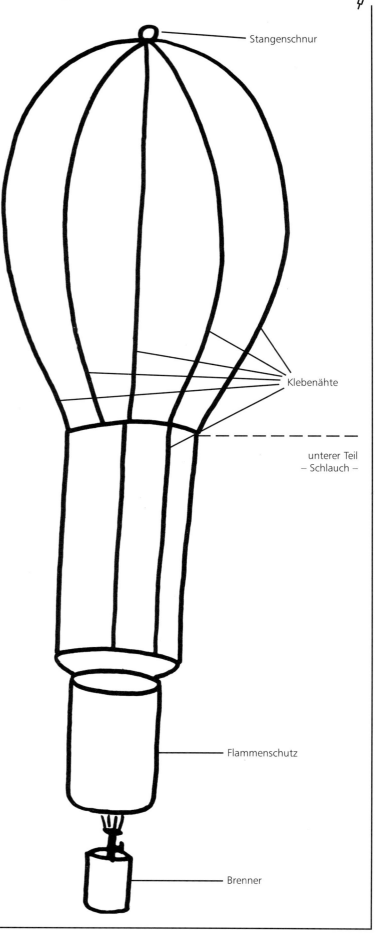

Einige Tipps zum Schluss

Sollte am oberen Ende des Ballons durch ungenaues Arbeiten ein Loch entstanden sein, bitte nachkleben evtl. mit breitem Tesastreifen abkleben.

Um den Ballon aufrecht erhalten zu können, kannst du an der Spitze mit Schnur und Tesafilm eine Öse ankleben, in die dann ein Besenstiel oder ein dünner Stock durchgezogen werden kann. Somit lässt sich der Heißluftballon besser nach oben halten und auch besser mit dem Brenner die Luft erwärmen, ohne den Ballon einer Brenngefahr auszusetzen.

Beim Erwärmen solltest du unbedingt eine Schutzvorrichtung um die Wärmequelle stellen, da schon die geringste Unachtsamkeit das Seidenpapier entzünden kann.
Einfach und gut dafür geeignet sind mit Alufolie ausgekleidete runde Wasch-pulverbehältnisse oder große Konservendosen aus Gaststätten (Deckel oben und unten entfernen). Darüber kann dann ohne Gefahr der Ballon gestülpt werden. Von unten wird dann durch die Öffnung mit dem Brenner die Luft im Ballon erhitzt.
Nach geraumer Zeit wirst du merken, wie der Ballon anhebt und davon schwebt.

Hier empfiehlt es sich, wie bei einem Drachen, eine Schnur anzubringen, unsere selbst gebastelten Heißluftballons flogen über Häuser hinweg. Oder du gehst auf eine großflächige Wiese.

Ein Grundprinzip, das sich bemerkbar machen wird:
Je kälter die Luft draußen, desto einfacher wird der Ballon steigen.
Versucht es deshalb auch ruhig mal im Winter. Der Erfolg bleibt nicht aus.

Viel Spaß!

Luft dehnt sich aus

Fliegende Papierstreifen

Du benötigst folgende Materialien:
1 langen Papierstreifen, 25 - 30 cm

Aufgabe:
Knicke den Papierstreifen der Länge nach 2 cm ein.

Halte die geknickte Stelle an dein Kinn. Nun blase. Was passiert?

Der Papierstreifen _____

Er bewegt sich nach _____

Ergebnis: Der Papierstreifen bewegt sich. Er bewegt sich nach oben.

Fliegende Ringe

Du benötigst folgende Materialien:
2 bunte Papierstreifen: 1 x 2 cm breit und 16 cm lang
1 x 1,5 cm breit und 14 cm lang
Klebeband
1 Trinkhalm ohne Knick

Aufgabe:
Beide Papierstreifen legst du nacheinander zu einem Ring zusammen. Von innen und außen mit einem Klebestreifen festkleben.

Den Trinkhalm auf den Innenseiten der Ringe festkleben.

Jetzt gibst du dem Ring einen Schubs nach vorne und lässt ihn gleiten.

Auer — Luft kann tragen

Der Fallschirm

Du benötigst folgende Materialien:
1 quadratische Plastikfolie, 30 cm x 30 cm
1 kleine Spielzeugfigur (z.B. Playmobil)
4 gleiche Zwirnsfäden, 30 cm
Klebestreifen
1 Locher
4 Lochringverstärker

Aufgabe:
Nimm den Locher und knipse in jede Ecke der Plastikfolie ein Loch. Danach klebe die Lochringverstärker darüber.

Ziehe durch jedes Loch einen Zwirnsfaden und verknote ihn.

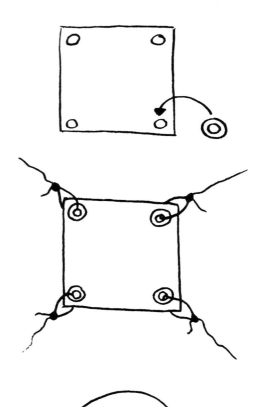

Fasse alle vier Fäden zusammen und klebe nach ca. 5 cm einen Klebestreifen herum.

Unterhalb des Klebestreifen befestigst du die Spielzeugfigur. Der Fallschirmspringer ist fertig.

Lasse ihn aus verschiedenen Höhen fliegen, z.B. Stuhl, Tisch, Treppe, Balkon.

42 Luft kann tragen

Der Propeller

Du benötigst folgende Materialien:
1 Papierstreifen, 3 cm breit, 15 cm lang
Schere
1 Büroklammer

Aufgabe:
Falte den Streifen 1 x der Länge und 1 x der Breite nach.
Falte ihn wieder auseinander.
Schneide am Längsknick von jeder Seite 1 cm ein.

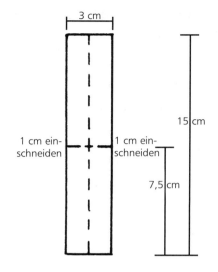

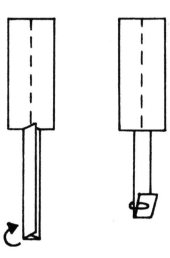

Dann falte die Schnittflächen nach innen ein. Unten umknicken und mit einer Büroklammer befestigen

Jetzt schneide von oben mit der Schere genau der Mitte entlang ein. Achtung, 2 cm vor der Mitte halten!

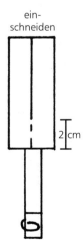

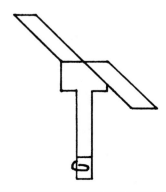

Die Flügel entgegengesetzt auseinander falten.
Propeller hoch halten und fliegen lassen.
Probiere den Propeller aus verschiedenen Höhen aus.

Auer — Luft kann tragen — 43

Die Tragfläche am Flugzeug

Du benötigst folgende Materialien:
1 A4-Blatt
1 langen Bleistift
Klebeband

Aufgabe:
Du faltest das Papier einmal in der Mitte hochkant.

Schiebe jetzt die obere Hälfte 2 cm zurück
und klebe sie mit Klebeband fest.

Stecke den Bleistift in den Knick. Nimm den Bleistift an
beiden Enden in die Hand und blase, so kräftig du kannst.

Was passiert?

Das Papier wird _____

Es sieht aus wie die _____ eines Flugzeuges.

Wissen: Genauso funktioniert es bei einem richtigen Flugzeug. Die Turbinen treiben das Flugzeug nach vorne. Mit großer Geschwindigkeit strömt dann die Luft um die Tragflächen und erzeugt einen Auftrieb. Das Flugzeug wird von der Luft hoch gehoben.

Ergebnis: Das Papier wird hochgehoben. Es sieht aus wie die Tragfläche eines Flugzeuges.

Der Zeppelin

Du benötigst folgende Materialien:
Schere
bunte Papierstreifen (3 cm breit, unterschiedlich lang)

Aufgabe:
Schneide verschieden lange Papierstreifen zurecht. Schneide
die Papierstreifen an jedem Ende gegengleich 1,5 cm ein.

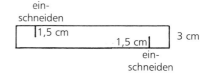

Jetzt steckst du die Schlitze ineinander. Wirf den Zeppelin in die Luft.

Was beobachtest du?

_____

_____

Ergebnis: Der Zeppelin dreht sich in der Luft.

44   Luft kann tragen

Sportflugzeug

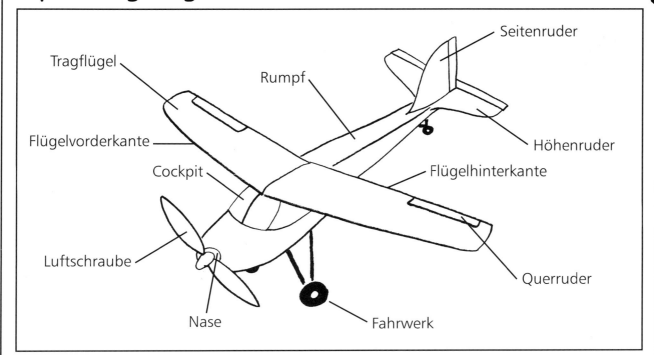

Schaue dir sehr genau das detaillierte Bild des Sportflugzeuges an. Danach trage die richtigen Bezeichnungen an den dafür gekennzeichneten Stellen im zweiten Bild richtig ein!

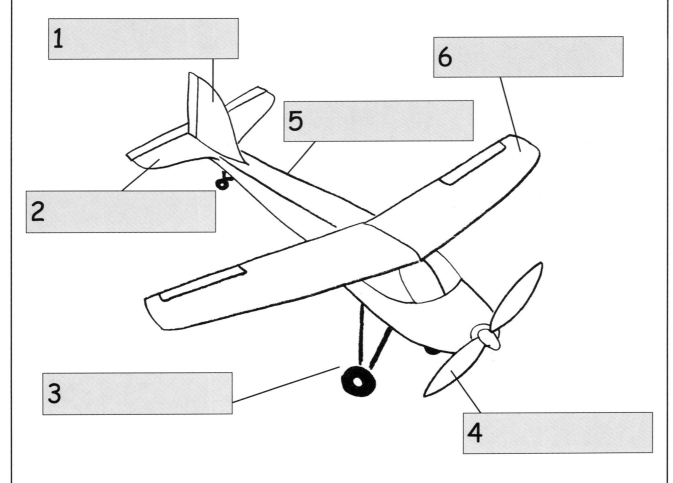

Seitenruder 1, Höhenruder 2, Fahrwerk 3, Luftschraube 4, Rumpf 5, Tragflügel 6.

Luft kann tragen

Ein Styroporweitflieger

Du benötigst folgende Materialien:
1 dünne Styroporplatte (0,5-0,7 cm)
1 Styroporschneider (ein Gerät mit einer heißen Nadel)
1 50-Pfennig-Stück
1 Filzstift

Aufgabe:
Umfahre die Schablonen auf einer relativ dünnen Styroporplatte.
Fahre die aufgezeichnete Linie mit der heißen Nadel entlang. Achte darauf, dass das Styropor dabei auch durchgeschnitten wird.

Stecke die beiden Teile zusammen.

Klebe das 50-Pfennig-Stück vorne auf die Spitze.

Stelle dich nach draußen auf eine Anhöhe und lass dein Flugzeug fliegen. Du wirst sehen, es kann sehr weit fliegen.

Mache mit deinen Freunden und Freundinnen ein Wettfliegen. Steckt vorher das Feld ab, dann ist es auch einfacher abzumessen.

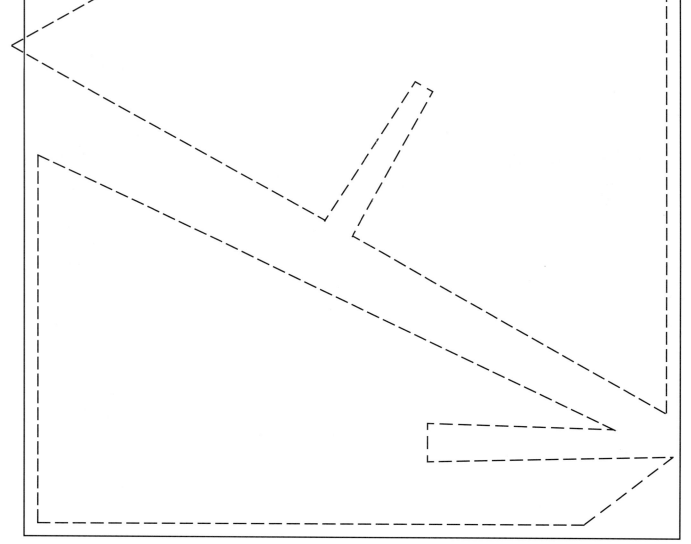

Luft kann tragen

Ein großer Plastikfeuerdrachen

Du benötigst folgende Materialien:
1 rote Plastikfolie (gleiche Festigkeit wie stärkere Müllsäcke)
Breiten Tesafilm
2 Rundhölzer 91 cm lang
1 gute Schneideschere
2 Klebeverstärkungsösen
1 Waageschnur 270 cm lang
1 aufgewickelte Nylondrachenschnur (Halteleine sollte nie länger als 100 m sein)
1 Haken für das Wirbellager (Drachenladen)
1 Päckchen Büroklammern
1 Lineal
1 Filzstift

Bastelanleitung:
Lege deine Folie an der Faltkante zusammen.
Hefte die Seiten mit Büroklammern aneinander.

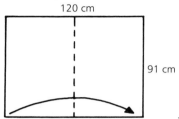

Nun zeichne – genau wie auf der Zeichnung vorgegeben – mit Lineal und Filzstift die vorgegebenen Maße ab. Lass es bitte von einem Erwachsenen nachkontrollieren oder übe es vorher einmal auf einem Papier in der gleichen Größe aus. Mit einer guten Schere die gestrichelten Linien abschneiden.

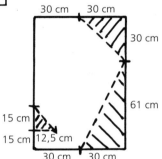

Falte die Folie auseinander und klebe die Rundhölzer wie vorgegeben mit breitem Tesa-Band fest. Das Gleiche machst du bei den Ecken an der Folienöffnung, damit sie bei starkem Wind nicht einreißen können. Als nächstes die Ösenverstärker ankleben und die Waageschnur daran befestigen, die Schlaufe befindet sich genau in der Mitte (Zeichnung). An die Schlaufe der Waageschnur wird der Haken des Wirbellagers eingehängt. Dieser lässt sich wie eine Sicherheitsnadel öffnen und wieder schließen. Die Flugleine wird am Ring des Wirbellagers fest geknotet. Den Drachen kannst du jetzt mit Aufklebern verschönern. An den Waagepunkten kannst du noch Folien- oder leichte und schmale Stoffstreifen anbringen. So wird dein roter Feuerdrachen noch schöner und fliegt natürlich noch besser.

Achtung! Zur Sicherheit! Vorsicht beim Drachensteigenlassen!
Vorsicht ist geboten bei Stromfreileitungen. Sie stehen da, weil sie uns Strom in die Häuser liefern – aber sie sind gefährlich, wenn man sie berührt, besonders auch mit Drachen. Deshalb merke dir Folgendes: Beim Drachensteigenlassen weg von Stromfreileitungen, Eisenbahn- oder Straßenbahnleitungen. Mindestens 600 Meter, das sind ungefähr 6 Fußballfelder lang. Die Halteleine deines Drachens sollte nie länger als 100 Meter sein, nicht aus Metall oder Metallfäden bestehen. Lass dir Stellen von Erwachsenen zeigen, die ungefährlich für dich und deine Freunde und Freundinnen sind.

Das Luftballonlied

(Text/Musik: Andreas Rossatti)

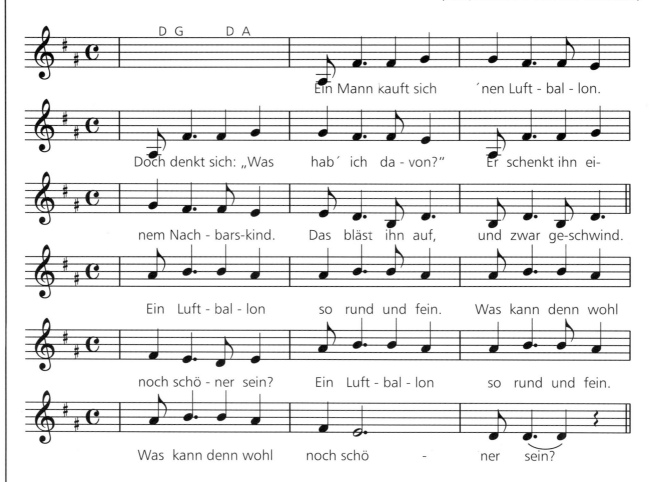

1
Ein Mann kauft sich ´nen Luftballon.
Doch denkt sich: „Was hab´ ich davon?"
Er schenkt ihn einem Nachbarskind.
Das bläst ihn auf, und zwar geschwind.

Refrain:
Ein Luftballon so rund und fein.
Was kann denn wohl noch schöner sein?
(Wdh.)

2
Der Luftballon ist viel zu klein.
Das Kind sagt: „Er soll größer sein!"
Da bläst es noch einmal hinein.
Jetzt ist er groß und nicht mehr klein.

Refrain:
Ein Luftballon so rund und fein.
Was kann denn wohl noch schöner sein?
(Wdh.)

3
Dem Kind reicht es noch immer nicht:
„Er soll so groß sein wie´n Gesicht!"
Oje das Kind ist abgerutscht.
Der Luftballon davongeflutscht.

Refrain:
Ein Luftballon so rund und fein.
Was kann denn wohl noch schöner sein?
(Wdh.)

4
Und „Schwupp" was macht der Luftballon?
Er fliegt davon! Er fliegt davon!
Was macht jetzt unser Nachbarskind?
Es bläst ihn wieder auf geschwind!

Refrain:
Ein Luftballon so rund und fein.
Was kann denn wohl noch schöner sein?
(Wdh.)